ALPHABET ILLUSTRÉ

DES

ANIMAUX DOMESTIQUES

OLIVIER-PINOT IMPRIMEUR ÉDITEUR
ÉPINAL (Vosges)

A B C D E
F G H I J
K L M N O
P Q R S T
U V X Y Z

a b c d e f g h
i j k l m n o p q
r s t u v x y z

1 2 3 4 5 6 7 8 9 0

Le COQ est le ROI de la Basse-cour.
Comme il se redresse fièrement pour montrer
sa CRÊTE ROUGE, ses BELLES PLUMES
et chanter:
KO-KO-RO-JO! KO-KO-RO-JO!

ARROSOIR Pour mettre l'EAU. Pour arroser les FLEURS, le JARDIN quand il fait chaud.

ARROSOIR.

BOUTEILLES. Pour mettre et conserver le VIN, la BIÈRE, le CIDRE et les LIQUEURS.

BOUTEILLES.

CARAFE pour mettre sur la TABLE l'EAU pour boire.

CARAFE.

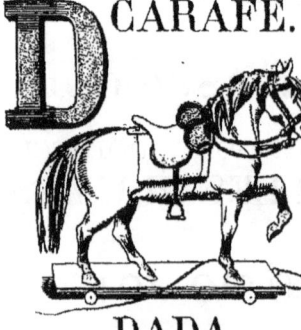

DADA le beau CHEVAL de bois. Pour amuser les petits GARÇONS bien sages.

DADA.

LA POULE.

C'est elle qui pond les BONS ŒUFS pour faire les Omelettes elle couve et fait éclore les Petits Poulets les conduit, elle appelle Kot kot kot!! pour leur apprendre à trouver la nourriture.

E ENCRIER et PLUMES Pour écrire.
FLACON Pour mettre la LIQUEUR.

ENCRIER.

F G GÂTEAUX. Pour donner aux petits ENFANTS bien sages.

FLACON.   GÂTEAUX.

H I HANNETON vole, vole, vole.
IMAGES Polichinel, Pierrot.

HANNETON.   IMAGES.

J JOUJOUX Pour s'amuser. POUPÉE BALLON Le petit MOUTON TROMPETTE, CERCEAUX.

JOUJOUX.

LE CHIEN.

VOILÀ LE GROS MÉDOR

L'AMI de JULIEN et de LOUISE, il joue avec eux, mais aussi ce sont de bons enfants qui ne lui feraient jamais de mal.

KÉPI.

KE PI. Coiffure militaire.

LAM PE. Pour éclairer sur la TA BLE le SOIR.

LAMPE.   LIVRES.

LI VRES. Où il y a écrit de belles HIS TOI RES. Pour AP PREN DRE et S'INS TRUI RE.

MELON.

ME LON très bon FRUIT. Quand il est bien mûr!

NID.   OISEAU.

Le jo li **NID** d'**OI SEAU.** Il y a des **ŒUFS** de dans. Le gen til **OI SAU.** Comme il **CHAN TE BIEN.**

L'ANE. LA BOURRIQUE
DE LA MÈRE JEANNETTE,

Sur son dos on met les Légumes pour aller au MARCHÉ, mais la Bourrique a mauvaise tête quand elle trouve des Chardons il faut lui donner des coups pour la faire avancer.

PANIER. Pour aller au **MARCHÉ.** Pour mettre les **FRUITS,** les **LÉGUMES.**

PANIER.

QUILLES. Pour jouer avec des **BOULES.**

QUILLES. ROUE.

ROUE. Pour faire rouler les **VOITURES.**

SONNETTE. Pour faire drelin, drelin, drelin.

SONNETTE.

TAMBOUR. Pour les **SOLDATS** et les petits **GARÇONS**, faire ran pa ta plan.

TAMBOUR.

AGNEAU. Regardez comme il est doux et gentil le PETIT AGNEAU de JULIE avec sa belle Laine blanche et son Collier rose, comme il vient manger dans la main de sa petite MAÎTRESSE.
C'est que JULIE est bien bonne.

URNE.(VASE.)

URNE ou VASE.
Pour mettre des BOUQUETS, des FLEURS.

VERRES.

VERRES et Bouteilles.
Pour boire de L'EAU, du VIN, du SIROP.

XILOCOPE. Insecte.

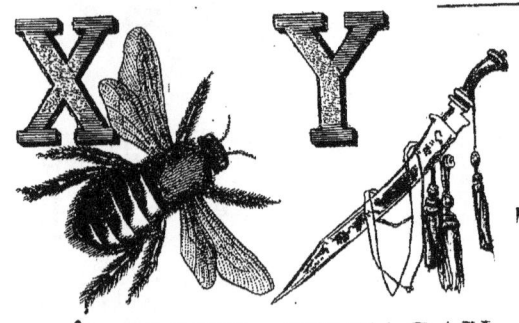
XILOCOPE.   YATAGAN.

YATAGAN.
Sabre des TURCS et des ARABES.

ZOZO.

ZOZO le beau CHIEN savant qui étudie sa LEÇON avec des LUNETTES.

La VACHE et son VEAU.

Le plus utile des Animaux Domestiques.

C'est elle qui donne le bon LAIT, la CRÈME pour faire les tartines, le BEURRE pour faire les gâteaux que les petits enfants aiment tant et qu'on leur donne quand ils sont sages.

Berthe la désobéissante.

Mademoiselle Berthe la désobéissante qui vient de renverser l'encrier sur sa belle robe neuve; son papa lui avait bien défendu d'y toucher. Aussi le bon Dieu l'a punie; voilà qu'elle va être fouettée.

Les bons petits enfants studieux.

Louise est une jeune fille très studieuse, elle fait bien ses devoirs. Son petit frère veut aussi travailler comme elle mais il ne fait que des pâtés avec sa plume garnie d'encre.

Le CHAT. La bonne MISKETTE vient d'attrapper une Souris.

Elle est bien gentille Miskette quand on la caresse, mais elle a des Griffes bien pointues et fait très mal aux Enfants qui la taquinent.

Berthe vient encore de donner une preuve de son mauvais cœur, elle s'est moquée d'une pauvre mendiante et a voulu la battre; mais c'est elle qui a été battue. C'est bien fait?

La méchante Berthe est punie.

Louise a toujours un bon cœur aussi, près de sa mère, elle consacre tous ses moments à confectionner des chemises et des vêtements pour les enfants pauvres.

Louise travaille pour les pauvres.

LA CHÈVRE.

Voyez comme elle est gentille et vient embrasser sa MAÎTRESSE, elle aime à courrir, sauter, jouer, puis elle donne encore du Bon Lait

Jules a été bien sage, aussi son Papa lui a acheté un beau tambour. Il fait ran plan, ra pa ta plan, plan plan.

Son petit frère qui apprend à marcher voudrait aussi avoir le tambour.

Voici le Printemps revenu. Tout reverdit dans la Campagne. Les Oiseaux chantent. Les Alouettes volent bien haut dans le Ciel en chantant : Tire lire ! Tire lire lire lire ! Les Cultivateurs labourent les Champs pour semer du Blé, des Pommes de terre.

Berger, prends garde à tes Moutons ! Voilà le Loup affamé qui accourt sur la lisière du Bois. Gare à ton Troupeau.

Tu sais que l'an dernier, le Brigand a enlevé deux de tes plus beaux Agneaux.

L'ANNÉE

Il y a 4 Saisons dans l'Année :

LE PRINTEMPS, L'ÉTÉ, L'AUTOMNE ET L'HIVER.

Il y a 12 Mois dans l'Année :

JANVIER, FÉVRIER, MARS, AVRIL, MAI, JUIN, JUILLET, AOÛT, SEPTEMBRE, OCTOBRE, NOVEMBRE, DÉCEMBRE.

Il y a 7 Jours dans la Semaine :

LUNDI, MARDI, MERCREDI, JEUDI, VENDREDI, SAMEDI, DIMANCHE.

OLIVIER-PINOT Imprimeur Editeur.
ÉPINAL (Vosges.)

ON TROUVE CHEZ LE MÊME ÉDITEUR:
ALBUMS D'IMAGES

Nouveau Syllabaire récréatif.
La Poupée merveilleuse.
Le petit Poucet.
Le Chaperon rouge.
Le Chat botté.
Cendrillon.
La Belle au bois dormant.
Peau d'âne.
L'Oiseau Bleu.
Robinson Crusoë.
Le Loup, la Chèvre et ses Biquets.
L'Éducation de la Poupée.
La St Nicolas.
Alphabet amusant.
Alphabet des Objets familiers.
Alphabet des Grandes Lettres.

Les Œufs de Pâques.
La Veillée de Noël.
Nos bons petits Oiseaux.
Les Jeux de l'Enfance.
Scènes enfantines.
Bonne maman Brebis.
Les Vacances de Paul.
Le Docteur Polichinelle.
Pierre et Madeleine.

Paul et Virginie.
Guillaume Tell.
Les Naufragés.
Joseph vendu par ses frères.
Fables de Florian.
Le Robinson suisse.

Nouvelles Publications. — Grands Albums illustrés.

Grand Alphabet des Animaux sauvages.
Grand Alphabet des Animaux domestiques.
(Promenades du Grand-Papa) Histoire du Pain.
La Visite à la Ferme.

FABLES DE LA FONTAINE, 2 Volumes.

Imp. Lith OLIVIER-PINOT Edit. à Epinal.

www.ingramcontent.com/pod-product-compliance
Lightning Source LLC
Chambersburg PA
CBHW070530050426
42451CB00013B/2939